ullstein

MUSEUM OF DEUTSCHLAND

Marius Notter

Und Ja Ja Ja!
Ich glaube an gar nichts
Ich bin nur hier wegen der Gewalt

Alles muss kaputt sein
All der Quatsch, der nervt
Verbindung rausgerissen
So einfach kann das sein
Und das gibt Sinn…

…aber füttert mein Meerschwein
Während ich tot bin

-Pascow, Alles muss kaputt sein, 2010

Freunde des Kurators (prominent, wohlhabend, einflussreich), die ihn seit Jahren begleiten und all seine Ausstellungen (Tate Modern, Palais de Tokyo, The Met, MoMa, Prado, Realschule Haslach Halloween Gruselausstellung) in ihren eigenen Sendungen (TV, Spotify Exklusive Podcast, Instagram Stories) promoteten, sind sich einig: Dieses Buch ist ein Meilenstein deutscher Kultur. Eine Einladung zur letzten Runde »Wetten, dass.. ? - Tommy Gottschalk unhinged«, eine Morningshow-Ochsentour, wichtige Sofabühnen bei Buchmessen und zehn Minuten in Klaas Heufer-Umlaufs Late Night - all diese deutschen Entertainment-Highlights erwarten Marius Notter nach Veröffent- lichung dieses Werkes.

Sie dürfen deshalb jetzt mit freudigem Eifer durch die folgenden Seiten fliegen und die gescreenshotteten Highlights des Internets sowie eingeschickte Exemplare deutscher Geschmacklosigkeit in dem Wissen genießen, dass es hier wieder mal jemand so richtig geschafft hat. Natürlich dürfen Sie dabei Neid empfinden, denn wir sind ja hier schließlich immer noch in Deutschland. Aber denken Sie daran: Durch diesen Erfolg ist der Kurator dazu verpflichtet, bis an sein Lebensende in den hippsten Cafés und Bars deutscher Großstädte herumzulungern, bitter schmeckenden Filterkaffee mit Granola Bar und schlechte selbstgemachte Limonaden für 18 € zu trinken. Sehn- süchtig denkt er dann an einen badischen Kartoffelsalat (mit einer 0,5l Holunderschorle für insgesamt 7 €), den er
in einer Strausiwirtschaft unter einem ausladenden Kastanienbaum verspeisen und sich dabei über die vielen Fahrradfahrer aus der Großstadt aufregen würde.

In diesem Kunstwerk
aus unbekannter Herkunft
wird eine deutsche
Kinderhochzeit dargestellt.
Die verschieden hellen
Rottöne des Hackfleischs
stehen für das Auf
und Ab in einer Ehe.

Das Kleid der Braut besteht
aus 100 Prozent
Schinken und geht in einen Sa-
lami-Schleier über,
der seitlich über das
dreistöckige Hackfleisch
fällt.

Historiker*innen der
Zukunft werden anhand
dieser Torte das Rätsel
lösen, warum die BRD sich
langsam, aber sicher selbst
auslöschte.

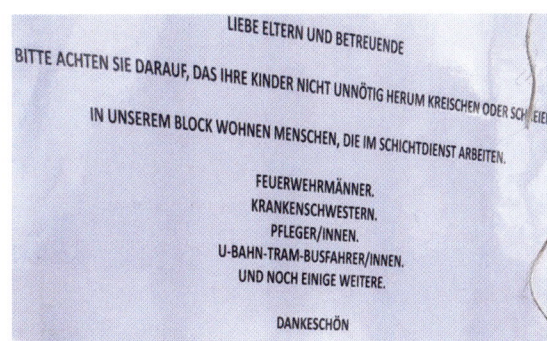

LIEBE ELTERN UND BETREUENDE

BITTE ACHTEN SIE DARAUF, DAS IHRE KINDER NICHT UNNÖTIG HERUM KREISCHEN ODER SCHREIEN

IN UNSEREM BLOCK WOHNEN MENSCHEN, DIE IM SCHICHTDIENST ARBEITEN.

FEUERWEHRMÄNNER.
KRANKENSCHWESTERN.
PFLEGER/INNEN.
U-BAHN-TRAM-BUSFAHRER/INNEN.
UND NOCH EINIGE WEITERE.

DANKESCHÖN

Einlaminiert,
Versalien,
passiv-aggressiv:
Ein Schild,
wie es in
Deutschland täglich in
unterschiedlichsten
Nachbarschaften
aufgehängt wird.
Schlaf, vor allem nach
einer anstrengenden
Schicht, ist das
Schönste der Welt.
Wobei, halt – sind
nicht Kinder auch das
Wichtigste im Leben?

„Kinder, die einen
Kinderspielplatz
benutzen" ist eine
dramatische Oper, die
Deutschland IM STURM
erobert (seit es
Laminiergeräte gibt).
Lehnen Sie sich
zurück, schenken Sie
sich noch mal von dem
Kaffee nach, und
vergessen Sie, dass
heute Samstag und
der Kühlschrank
leer ist.
Viel Spaß!

LIEBE NACHBARN!

ES TUT UNS ÄUSSERST LEID, DASS SIE DIE GERÄUSCHKULISSE DER KLEINEN MONSTER ÜBER SICH ERGEHEN LASSEN MUSSTEN. SPIELPLÄTZE SIND NATÜRLICH NICHT DAFÜR GEDACHT, DIE NACHBARN MIT ERHÖHTEM LAUTSTÄRKEPEGEL ZU NERVEN. NEIN, DIE SIND ALS GRÜNANLAGE UND RUHEOASE GEDACHT.

AB JETZT WERDEN WIR UNSERE KINDER VOR DIE GLOTZE SETZEN, MIT CANNABIS BETÄUBEN UND IHNEN TESA-FILM AUF DEN MUND PACKEN, DAMIT SIE, LIEBE NACHBARN, IHRE WOHLVERDIENTE RUHE GENIESSEN KÖNNEN.

DES WEITEREN WOHNEN IN DEM AKZENT-GEBÄUDE ÜBERHAUPT KEINE MENSCHEN, DIE SCHICHTDIENST HABEN, DESHALB HATTEN WIR DAVON KEINE AHNUNG. WIR ENTSCHULDIGEN UNS HERZLICHST DAFÜR!

SOLLTEN EINER VON DER KLEINEN FRECHEN MONSTERN JEDOCH UNBEDINGT AUF DEM SPIELPLATZ VERBLEIBEN, WIRD ER/SIE AUF JEDEN FALL DARAUF HINGEWIESEN, DIE SCHNAUZE ZU HALTEN UND NUR IN NOTFÄLLEN ZU FLÜSTERN.

ich bin

Nicht einlaminiert, jedoch in Vehemenz und Passiv-Aggressivität eine 10/10: Die entrüstete Elternschaft schlägt zurück. Tesafilm auf den Mund kleben ist sehr 50er-Jahre und sollte unterlassen werden, Interesse besteht definitiv an den Cannabisprodukten für Kinder, und es stellt sich die Frage, ob da nicht ein großes Geschäftsfeld übersehen wird. Im Prenzlauer Berg liegen bestimmt schon passende Pitch-Papers für entsprechende Start-ups bereit.

Die Ausstellung geht
natürlich mit
einem grundlegend
konstruktiven
Ansatz der Frage
„Deutschland, warum
eigentlich?" nach. Des-
halb hat
das 10-köpfige
Marketingteam der
reichen Familie
des Autors
(feurige Mischung
aus Industrie, Adel
und Zwangsarbeit,
wie es in deutschen
Kunstkreisen am
liebsten gesehen wird)
absolut ohne
Hintergedanken eine
mögliche Werbekampagne
für „Cannabis 4 Cids"
entworfen:

„Wenn es den faulen
Schichtarbeiter*innen
nicht passt,
dann sollen die sich
halt weiter außerhalb
des Speckgürtels was
suchen, wo sie niemand
stört. Am besten was mit
viel Platz drum herum!
Kinderlärm ist
juristisch kein Lärm
übrigens, also kommt
nicht mal auf die
Idee zu klagen.
Mit freundlichen Grüßen,
Ihre Anna-Sophie
(6 Jahre alt)."

Frühkindliche Erziehung
ist und bleibt
das Fundament unserer
Gesellschaft, und dieses
in Klarsichthüllen
verpackte Pamphlet ist
der beste Beweis dafür.
Doch wir sind
noch nicht am Ende des
analogen Gruppenchats
angelangt, denn
seinen stärksten Spieler
hat das Team „Unsere
Kinder dürfen nicht
kritisiert werden" noch
gar nicht eingewechselt
...

Werte Nachbarn !

Wir glauben das wir nicht richtig lesen Sie sind bestimmt nicht so groß geboren worden, sondern waren auch mal Kind ,da nach Herzenslust spielte , wenn nicht haben Ihre Eltern was falsch gemacht. Ihr Verhalten ist unmöglich. Schönen Tag noch von Oma und Opa , die ihre Enkel über alles lieben !!!

Wir glauben vor allem an den Unterschied zwischen „das" und „dass". Außerdem glauben wir an Zeichensetzung und korrekte Leerzeichen.

Aber natürlich glauben wir auch an Kinder, die nach Herzenslust auf einem Spielplatz schreien.

Wir hoffen, die Wohngegend hat sich darauf geeinigt, dass am Ende alle Wohnungen an Vonovia verkauft und daraus „Luxus"-1-Zimmer-Appartements für reiche Kinder aus Süddeutschland gemacht wurden.

Auf die Frage
„Haben deine
Tattoos eine
Bedeutung?"
antwortet
der oder
die Träger*in
wortlos mit
dem Hochkrempeln
des linken
Hosenbeins.

Danach
herrscht
nickendes
Schweigen.
In der Ferne
schreit
ein
Rabe.

Maggi-Flasche auf Haut, circa 2005

„Innovationen im Saarland", Tobi Peterson, 2021

Mit dieser Fotografie drückt Starfotograf Tobi Peterson die vollkommene Verkommenheit westlicher Küche aus.

Der Antrieb solcher zweifelhaften Produktinnovationen ist zweifelsfrei der sehnliche Wunsch, dem letzten Hinterwäldler des Saarlands Sushi unterzujubeln.

Rentner genießen in Deutschland
einen besonderen Status, den sie
sich hart erarbeitet haben.
Und dieser Status sieht so aus:
Sie dürfen machen, was sie wollen,
die Gesellschaft ist ihnen zu Dank
verpflichtet, und im Gegenzug verhalten
sie sich bei jeder Gelegenheit, als
würde genau diese nicht existieren.

Wird ihnen dieses Recht nicht ein-
geräumt, werden sie unberechenbar.
Dieses Exponat trägt deshalb den
Titel Rentnerwut.

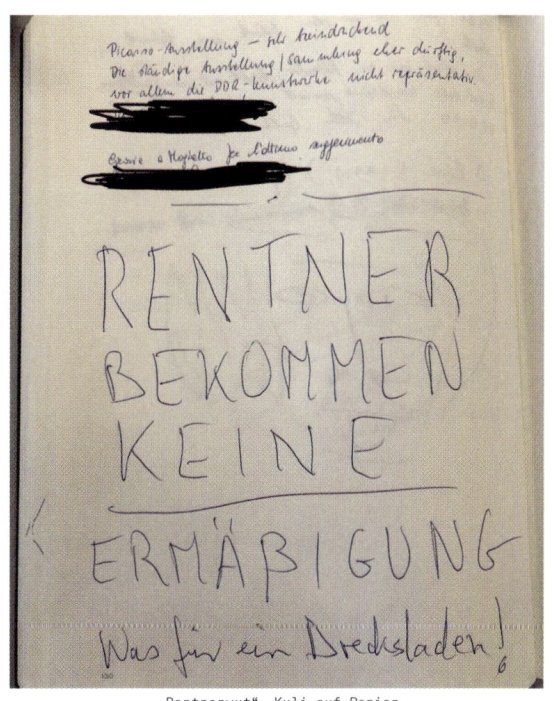

„Rentnerwut", Kuli auf Papier

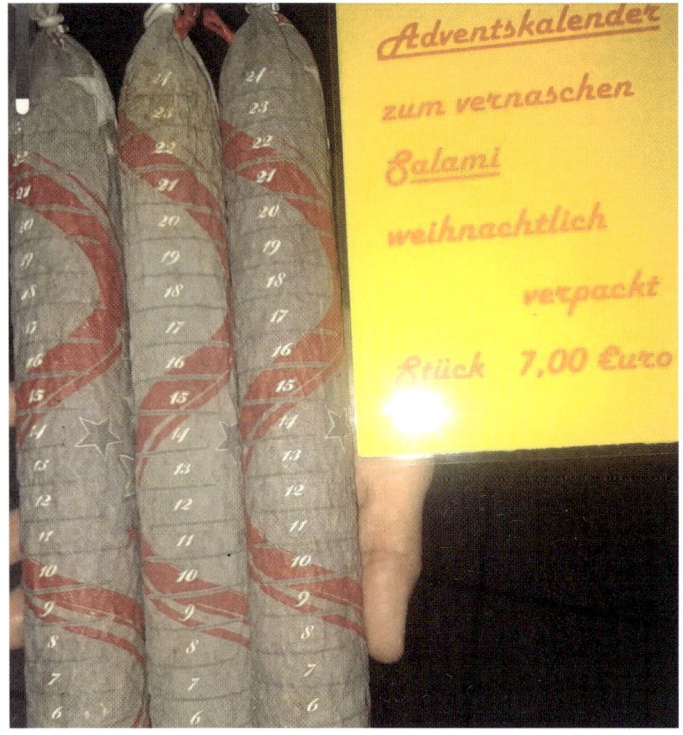

Die Sülze schwitzt so sanft und
schön es ist sehr herzlich anzusehn
Wer braucht schon süß und einfallsreich
Im Wurstland gibt es toten Brei.
Deutschland stopft sich alles rein
Salami, Teewurst, Fleisch und Mett
Komm her zum Tisch, es ist gedeckt
Flüssig, fest und ausgewogen der
Wurstkranz, Kind, er wartet schon.

Metzgerei Zink

1846   1866   1914

1940   2010   2023

Gibt es in der Welt ein anderes Land (neben den USA und ihren Burgern?), dessen ganzer kulinarischer Stolz auf deformiertem Tier beruht? In Deutschland hat sich über Jahrzehnte eine Kultur entwickelt, die wirklich zu verstehen fast unmöglich ist. Nicht, weil nicht nachvollziehbar ist, dass ein Mettbrötchen lecker sein kann. Doch die Passion, mit der aus Mett Dinge geformt werden, scheint irgendwie pervers. Die folgenden Seiten widmen sich dem Phänomen „Mett als identitätsstiftendes Mittel".

Aus der Fülle der Exponate aus dem Bereich Mettland werden hier ausgewählte, repräsentative Stücke vorgestellt. Das erste Ausstellungsstück zeigt, was man heutzutage gern als „Full circle gehen" bezeichnet:

Der deutsche Kreislauf des Schweins

Die besondere Liebe für Tiere aus Tierkonstrukten
endet nicht bei der Reinkarnation eines Schweins:

Schildkröten

Mettigel

Mettrick

Jesus

Kermett, der Frosch

Warum Fleischkäse so heißt, wie er heißt, hat laut Wikipedia folgenden Grund:
»Die Etymologie des Wortes ist nicht ganz geklärt. Der Begriff setzt sich zusammen aus den Substantiven Leber und Käse. Im bairischen wird eine essbare Masse als ‚Kas‘ bezeichnet. ‚Leber‘ leitet sich aus ‚Laib‘ ab, was auf die Form des Fleischkäses zurück-zuführen ist. In einer anderen Erklärung erinnert die Form des Produktes an einen Laib Käse.«
Das erklärt natürlich, warum man diese Kadaver-Mischung in ein süßes Brötchen packt. Oder Maultaschen reinbäckt. Oder sich als Kadaver-Mischung verkleidet. Guten Appetit!

Eine besondere Ehrerbietung an einem
47. Geburtstag scheint es zu sein,
das Abbild eines prominenten
Menschen in Mett auszustellen.
Anders lassen sich die folgenden
Exponate nicht erklären:

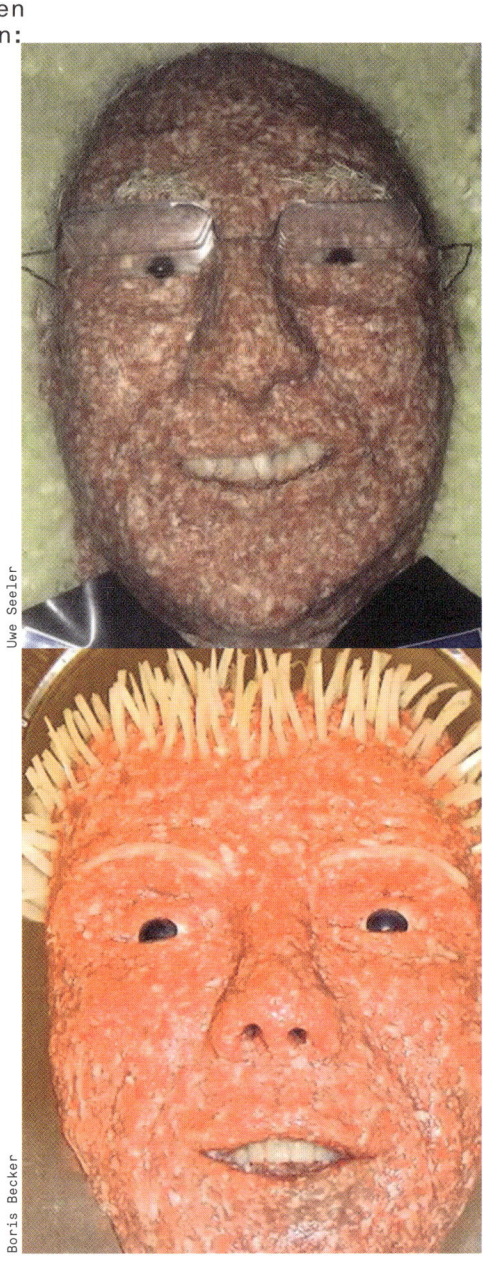

Uwe Seeler

Boris Becker

In der Werbebranche ist es besonders wichtig,
seine Zielgruppe gut zu kennen und
anzusprechen. BEIDES gelingt hier. Da das
Schild sogar laminiert ist, handelt es sich
höchstwahrscheinlich um das wichtigste Werbe-
plakat dieses Bäckers und wird fein säuberlich
nach jeder Schicht abgewischt

Womöglich fragt sich
der/die Leser*in, wer
für diese Art von
Kunst verantwortlich
ist. Weil Museum of
Deutschland in al-
lererster Linie ein
hochintellektuelles
Projekt ist, haben
wir mit circa 20
investigativen
Journalist*
innen nachgeforscht
und den Künstler
ausfindig gemacht:

Kaufen Sie 1 BIER für den doppelten Preis und erhalten Sie das zweite Bier GRATIS

Tagesempfehlung Obstsalat mit vielen Trauben. Eigentlich nur Trauben, fermentierte Trauben. Na gut, es ist WEIN

Ich achte sehr auf meine Ernährung. Was mir schmeckt, das esse ich! Hier: Fleisch, Veggi, Vegan

Wie lustig ist die Person, die nicht ein, nicht zwei, sondern drei Sprüche auf eine Tafel knallt und sie vor ihr Restaurant stellt? Zugegeben, dabei war es doch eine positive Überraschung, „Veggi" und „Vegan" zu lesen. Es gibt sie noch, die stabilen Boomer!

Das hier zu betrachtende Exponat bildet
die aktuelle Entwicklung einer Gesellschaft am Scheideweg ab. Die Natur sen-
det deutliche Zeichen, doch ein Teil
der Bevölkerung, durchseucht von Fake
News und Missgunst, setzt seine Energie
lieber dafür ein, Lügen auf große
Planen zu drucken und sie in den eigenen Vorgarten zu stellen. Die alte
Leier des „Kindeswohls" spielen Faschis-
ten besonders gern – benutzen sie
jedoch meistens nur als Maske, um ihre
wütende Fratze zu verstecken. Also
reißen wir sie doch einfach herunter.

Hier ein mit KI generiertes Bild, wie
der Vorgarten, in dem das Objekt der
Hässlichkeit steht, in 30 Jahren aus-
sehen wird, wenn keine erneuerbaren
Energien genutzt werden:

So geschehen in einem Wohnblock in Deutschland: Ein paar Turnschuhe lösen heftigen Nachbarschaftsstreit aus, der in einer Mieterversammlung gipfelt. Der Jogger hatte es gewagt, sie vor der eigenen Wohnungstür stehen zu lassen. Nun könnte man denken:

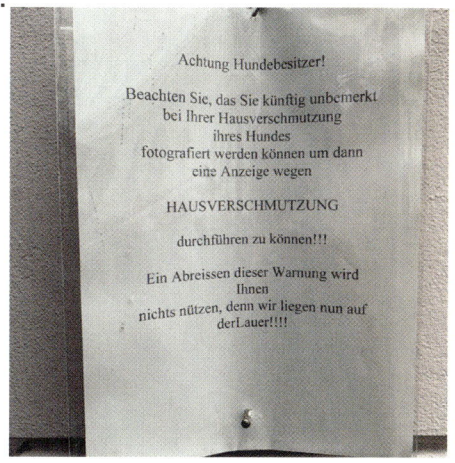

Das ist ja absurd und klingt erfunden, ist es jedoch nicht! Allerdings könnte man das auch von jedem einzelnen der nun folgenden Exponate deutscher Nachbarschaft behaupten:

Hier wurde ein
Überwachungs-
protokoll
angefertigt,
nach dem sich
SED-Spitzel
die Finger
geleckt
hätten:

Liebe Nachbarinnen und Nachbarn,

über die letzten Wochen hinweg sind mir einige Unregelmäßigkeiten aufgefallen. Ich habe mir die Zeit genommen dies zu protokollieren.

Samstag - 22:55	Wumms! Eine Haustür fällt laut ins Schloss! Das muss nicht sein.
Sonntag - 12:42	Bonbonpapier "Nimm Zwei" liegt auf der Treppenstufe zwischen dem 2. und 3. Stock! (4. Stufe)
Sonntag - 17:48	Der Deckel der linken Altpapiertonne war noch geöffnet! Habe ihn geschlossen!
Dienstag - 22:13	Ein Kind schreit - sollte eigentlich schon im Bett sein.
Donnerstag - 11:03	Der Fußabstreifer am Eingang liegt erneut schräg vor der Tür! Habe ihn wieder gerade ausgerichtet.
Freitag - 14:59	Fahrrad "KETTLER" ist für ca. 40 Minuten im Treppenhaus abgestellt, anstatt im Fahrradkeller!

Und das ist nur die letzte Woche!!

Eine Kopie dieses Protokolls habe ich in jeden Briefkasten gelegt, in der Hoffnung, dass meine Hinweise auf fruchtbaren Boden treffen.

Auf eine ruhigere Nachbarschaft
Hans-Jörg ███

HALLO N▓▓▓▓▓▓▓▓▓▓

EURE „EINWEIHUNGS-FEIER" IN DER „WG"
WAR JA RECHT MUNTER, WIE WIR ES SEH'N!
DIES SEI EUCH GRUNDSÄTZLICH KONZIDIERT!
ALLEIN DEN ABSCHIED MORGENS UM „VIER".

LAUTHALS IM „INNEN-HOF" ZU ZELEBRIEREN,
MUSS SCHON ZU EINIGEM „UNMUT" FÜHREN !
DENN IHR HABT DABEI WOHL NICHT BEDACHT
DASS IHR UNS HABT UM DEN SCHLAF GEBRACHT!

MERKE:
WIR SIND SEIT LANGEM TÄGLICH UMGEBEN
VON BAU BEDINGTEM STAUB UND KRACH !
VERSTÄNDNIS ERLEICHTERT UNS ALLE DAS LEBEN!
SEHT ZU, DASS IHR'S KÜNFTIG BESSER MACHT !

Im Land der Dichter und Denker besinnt man sich selbst in den schlimmsten Stunden (Lärm einer offensichtlich angekündigten Einweihungsfeier) gerne darauf, was diese Nation kulturell zusammenhält: komische Wortkonstruktionen und flache Reime.

Der Wahnsinn dieses Schreibens steckt in jeder Silbe. Das Absurde quillt aus edem Satz und steigert sich zu einem WTF-Crescendo mit dem „Wir sprechen hier nicht für uns" im Grand finale dieses Meisterwerks auf DIN-A4-Papier.

Fußmatte verschoben

Uns ist leider aufgefallen, dass Bewohner und/oder deren Besucher beim Benutzen des Treppenhauses gegen die Fußmatte laufen, die vor unserer Wohnungstür liegt. (Aufschrift „Herzlich Willkommen' im 1. Stock)

Bitte beim hoch und runterlaufen darauf achten, dass Sie nicht über unsere Fußmatte laufen!

Das nervt uns sehr. Doppelseitiges Klebeband oder ähnliches wird bei dem Untergrund nicht haften.

Ist uns aufgefallen, weil wir sie einmal neu ausgerichtet haben und sie beim verlassen der Wohnung wieder schief war. Das passiert leider immer wieder.

Wir sprechen hier nicht für uns. Das wird sicher noch mehr betreffen, die sich nicht wie wir melden oder denen es noch nicht aufgefallen ist.

Abends kein Internet mehr benutzen

Wir schauen seit kurzer Zeit Filme und Serien über das Internet am Fernseher. Hierfür haben wir einen teuren Stick besorgt und zahlen monatlich dafür.
Leider ruckeln die Filme Abends manchmal. Wir vermuten, dass die Leitungen überlastet sind weil Sie ebenfalls Filme schauen. Reduzieren Sie das, wenigstens am Wochenende. Wir haben das bisher nicht genutzt und jetzt sind wir erstmal damit dran!

Man könnte die Nutzung auch aufteilen. Wochentags stockwerkweise. Am Montag darf das Erdgeschoss streamen, am Dienstag der 1. Stock, Mittwoch der 2. Stock usw.

Leider sind wir technisch nicht begabt das selbst in die Hand zu nehmen und wissen auch nicht ob da noch mehrere Mietshäuser mitziehen müssten. Lassen Sie uns gerne wissen was Sie davon halten.

Alternativen sind:
DVDs oder das normale Fernsehen. Auch hier kommen schöne Filme und Serien. Lesen oder Gesellschaftsspiele.

Wir verbleiben mit Grüßen

Wie das Sprichwort sagt: Moderne Probleme erfordern rückschrittliche Lösungen.
Dieses Objekt ist nicht nur als lustiger Aushang zu lesen, sondern versteht sich vielmehr als Ruf nach mehr Solidarität.

Es gibt spaßbefreite, eiskalte Menschen – und dann gibt es die Person, die diesen Kommentar auf den nett gemeinten Aushang geschrieben hat.

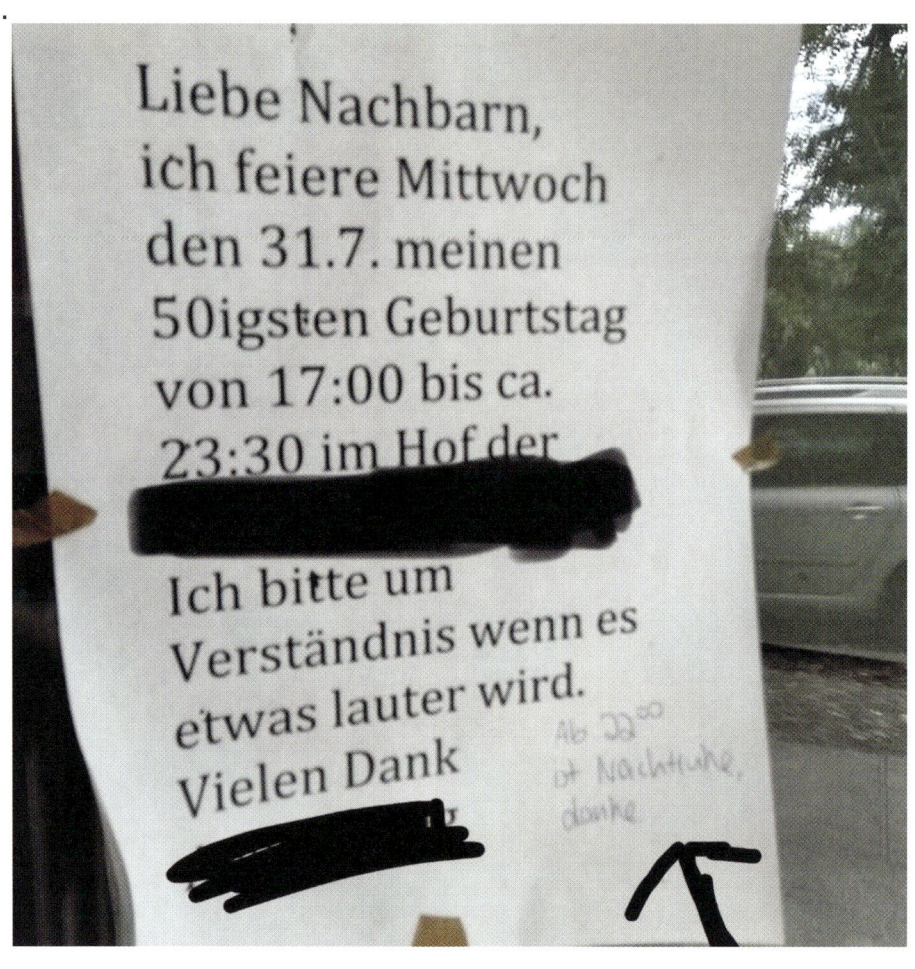

Türen und die aggressiven Zettel daran könnten Bücher füllen. Wir beschränken uns jedoch auf den Klassiker „Tür knallen". Hier in vierfacher Ausführung.

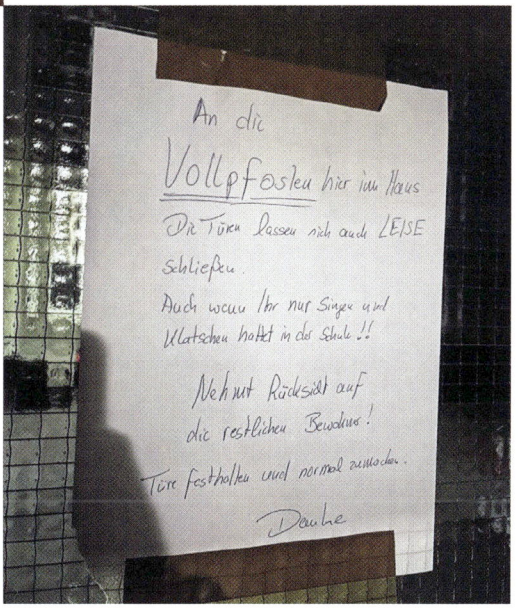

Am Ende dieses Bereichs der
Ausstellung befindet sich ein
Werk, das Hoffnung machen soll.
Es soll sagen: Wir sind nicht
wehrlos gegen die überwältigende
Macht der deutschen Spießigkeit.
Mit etwas Sex können die einfachs-
ten Gegenstöße auf dem Feld der
Entrüstung geführt werden –
mit offensichtlichem Erfolg.

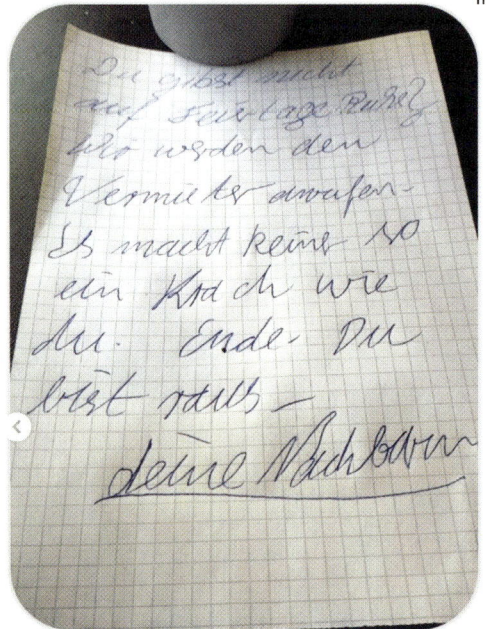

Ich hatte nur einmal Sex am
Nachmittag 😅

"Hallo, ich suche etwas Passendes zum
30. Hochzeitstag."
„Da haben wir was." *zeigt Ringe, Armreife,
Ketten*
„Mhhh, ich habe mir etwas vorgestellt, das dem
Charakter meiner Frau entspricht."
„Was mag Ihre Frau denn?"
überlegt unangenehm lange „Ihren Thermomix?"
„Da haben wir was für Sie."

Thermomix Halskette mit Anhänger Mixmesser, 925er Silber, NEU

25 € + Versand ab 2,50 €

⌖ 44581 Castrop-Rauxel ›

Lange bevor es Diskussionen
über KI und deren Einfluss
auf unseren Alltag gab,
wurde die deutsche Küche
von einem Gerät erobert, das
dem Menschen angeblich alle
Arbeit abnehmen würde: dem
Thermomix. Von Alman-Anettes
der Nation vergöttert, wurde
aus dem hilfreichen Küchenge-
rät schnell ein Kultgegen-
stand. Und wie das in
Deutschland mit Kultgegen-
ständen ist, nehmen sie die
lustigsten Ausformungen an:

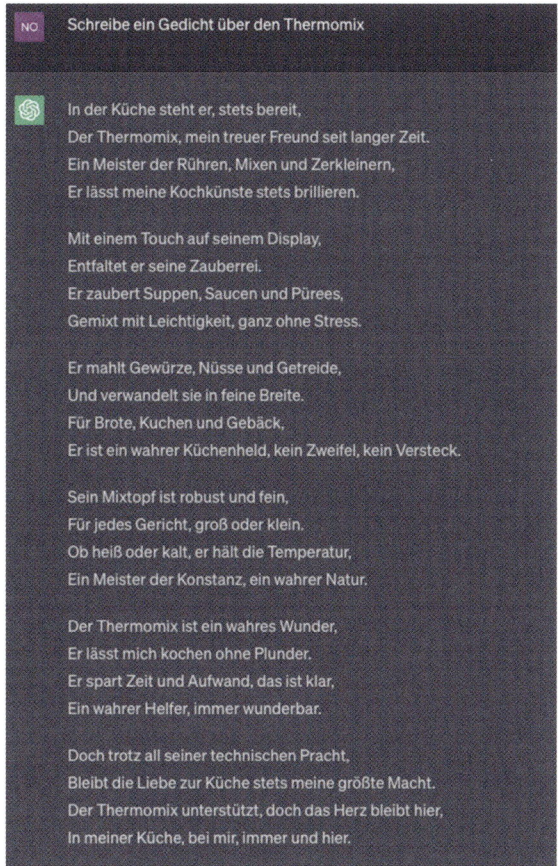

Um zu zeigen, wie
weit sich die Technik
in den Jahren seit
1961 entwickelt hat,
habe ich das neueste
Wunderwerk der
Technik gebeten,
ein Gedicht über
den Thermomix
zu schreiben.

Tobi hat es
geschafft,
Tobi hat seinen
eigenen Park-
platz vor der
Dorfdisse —
was willst
du mehr?

Die
nachhaltige
Variante von
Disco-Tobi
ist Gärtner-Klaus.
Auf Instagram
bildete sich
schnell ein Kult
um Gärtner Klaus.
Verständlicherweise.

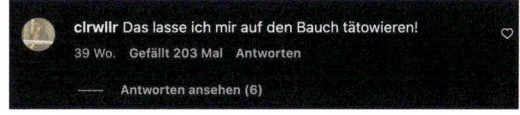
clrwllr Das lasse ich mir auf den Bauch tätowieren!
39 Wo. Gefällt 203 Mal Antworten

—— Antworten ansehen (6)

If Romance is dead,
how do you explain this

Folgender
Zellaus-
tausch
trug sich
in München
zu und
zeigt
deutlich,
dass man
es manchen
Menschen
einfach
nicht
recht
machen
kann.

12:47

Du
gerade eben

Liebe Nachbar*innen,

am Freitag, den 02.06.2023 feiere ich ab 21 Uhr meinen
Geburtstag.
Deshalb möchte ich euch vorab informieren, dass es etwas
lauter werden könnte. Sollte es zu sehr stören, sagt mir bitte
einfach Bescheid oder ruft mich an unter:

Ihr könnt jederzeit gerne vorbeischauen und euch ein
Getränk holen. 😊

Vorab vielen Dank für euer Verständnis.

Liebe ▮▮▮▮▮r_Geburtstagskind in spe,

So Sie das Fest zu Ihrem Geburtstag ankündigen, fühle ich mich zwar in Kenntnis
gesetzt, sehe darin jedoch keine Prophylaxe gegen Lärmbelästigung aller Art – ob
durch laute Gäste im Treppen-und vor dem Haus oder Musik.

Was halten Sie davon, Ihre Feier von vorne herein so zu gestalten, dass es eben keine
Belästigung Ihrer Nachbarn sowohl neben sich als auch unter sich gibt?

Ich bitte Sie, die Raucherundinnen hinter dem Haus zu positionieren, also Richtung
Landshuter Allee, noch besser wäre – ich kenne die lauten Gespräche, welche ich
ohne jegliches Interesse mithören muss -, rauchende und angetrunkene Partygäste auf
den Bürgersteig der ▮▮▮▮▮u bitten, wo sich niemand gestört fühlen
würde. Das nennte ich rücksichtsvoll.

Ihre Einladung, bei Ihnen oben ein Getränk abholen zu dürfen, trifft kaum ein
Bedürfnis meinerseits. Dagegen wäre es hoch erfreulich, Sie und Ihre Gäste so wenig
wie möglich mit zu erleben. Dafür bedanke ich mich bereits im voraus herzlich!

Mit höflichem Gruß

▮▮▮▮▮, Parterre, mit 1 leider sehr gutem Gehör_

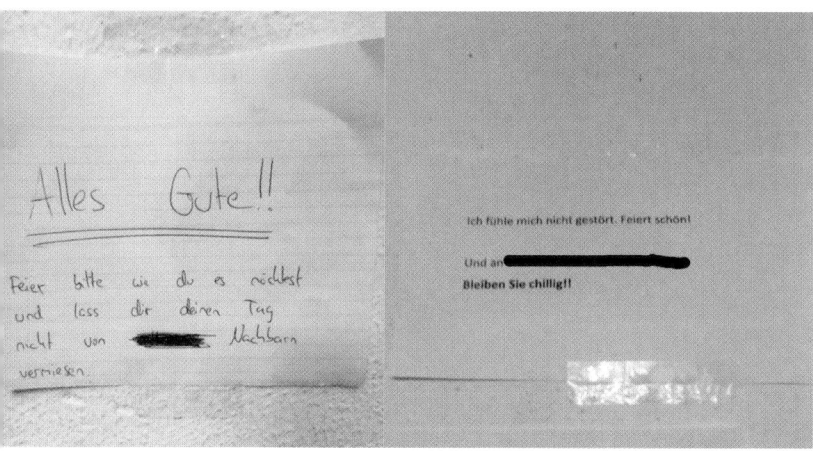

Doch
es formiert
sich schnell
Widerstand
gegen die
No-fun-
Fraktion
(mit einem
leider
sehr guten
Gehör …)

Ein letzter Versuch
der Schlichtung

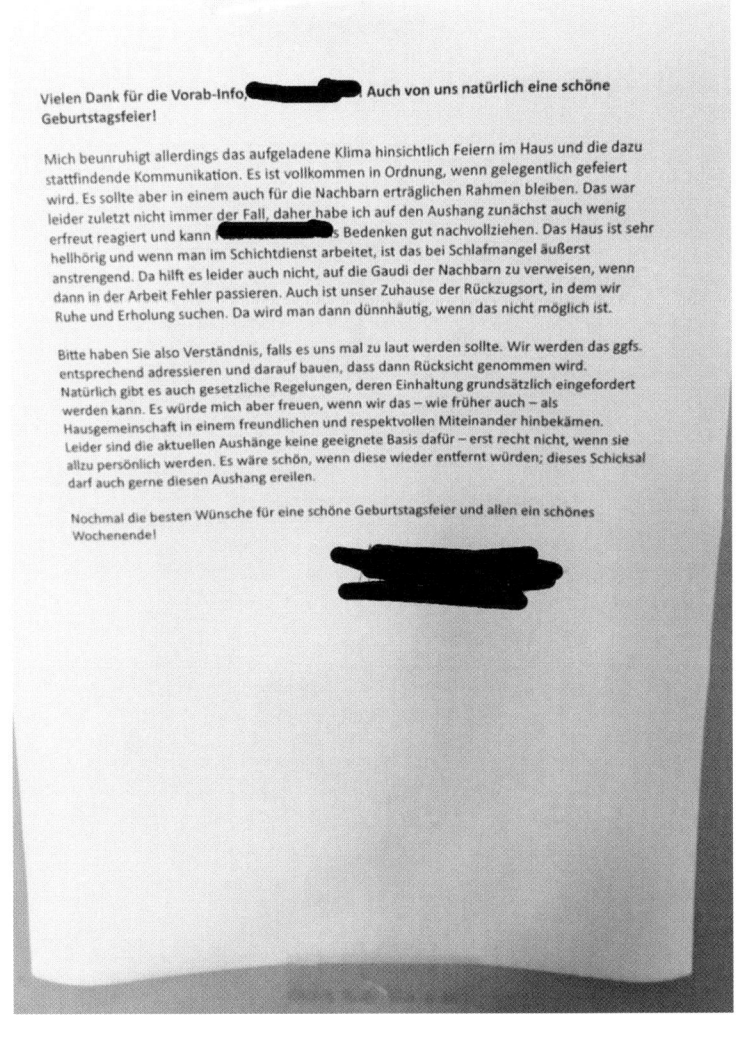

Vielen Dank für die Vorab-Info, ▮▮▮▮▮▮▮ Auch von uns natürlich eine schöne
Geburtstagsfeier!

Mich beunruhigt allerdings das aufgeladene Klima hinsichtlich Feiern im Haus und die dazu
stattfindende Kommunikation. Es ist vollkommen in Ordnung, wenn gelegentlich gefeiert
wird. Es sollte aber in einem auch für die Nachbarn erträglichen Rahmen bleiben. Das war
leider zuletzt nicht immer der Fall, daher habe ich auf den Aushang zunächst auch wenig
erfreut reagiert und kann ▮▮▮▮▮▮▮▮s Bedenken gut nachvollziehen. Das Haus ist sehr
hellhörig und wenn man im Schichtdienst arbeitet, ist das bei Schlafmangel äußerst
anstrengend. Da hilft es leider auch nicht, auf die Gaudi der Nachbarn zu verweisen, wenn
dann in der Arbeit Fehler passieren. Auch ist unser Zuhause der Rückzugsort, in dem wir
Ruhe und Erholung suchen. Da wird man dann dünnhäutig, wenn das nicht möglich ist.

Bitte haben Sie also Verständnis, falls es uns mal zu laut werden sollte. Wir werden das ggfs.
entsprechend adressieren und darauf bauen, dass dann Rücksicht genommen wird.
Natürlich gibt es auch gesetzlich Regelungen, deren Einhaltung grundsätzlich eingefordert
werden kann. Es würde mich aber freuen, wenn wir das – wie früher auch – als
Hausgemeinschaft in einem freundlichen und respektvollen Miteinander hinbekämen.
Leider sind die aktuellen Aushänge keine geeignete Basis dafür – erst recht nicht, wenn sie
allzu persönlich werden. Es wäre schön, wenn diese wieder entfernt würden; dieses Schicksal
darf auch gerne diesen Aushang ereilen.

Nochmal die besten Wünsche für eine schöne Geburtstagsfeier und allen ein schönes
Wochenende!

In den 90ern und 2000ern waren Niederländer und Belgier verschrien als das campende Volk, das Autobahnen europaweit verstopfen würde. Mittlerweile scheint sich dies als eine Taktik herauszustellen, um davon abzulenken, dass Deutsche die schlimmsten Camper Europas sind. Und damit sind nicht nur die Piloten dieser spruchbesetzten Urlaubs-Boeings gemeint, die auf den folgenden Seiten auf Sie warten. Egal ob im hippen, teuer restaurierten T1-Bulli mit südostasiatisch anmutender Lichterkette und zwei Kleinkindern namens Friedrich-Ole und Leia-Philine oder mit folgendem Gefährt:

Kommt man als Deutsche*r auf einen Campingplatz, wird man wenig freudig empfangen. Und schaut man in die griesgrämigen, null Prozent entspannten Gesichter der meist dauercampenden deutschen Belegschaft auf den Plätzen, dann wird einem auch klar, dass das einzig „Lustige" an denen der schlechte Spruch auf dem Bus ist. Und den verstehen die Menschen im Ausland ja nicht mal. Dabei geben sich die Steuermänner und -frauen der folgenden Modelle wirklich jede Mühe, einen Lacher zu ernten.

 thrillerpfeife 6h · Fixiert
der "Hymer Cringemaster 5000" in
Alman-White, die fahrende Wutburg.

Gefällt 576 Mal   Antworten   Nachricht

Motorrad auf Camperwand, Bleistiftzeichnung, Deutschland,
circa 2007: Ein Gedicht der Straße

Dieses Bild trägt den Titel „13-Sterne-Camper". Damit sich Anette im Urlaub wie zu Hause fühlt, hat sie ihr Wandtattoo aus dem Wohnzimmer einfach auch auf den Camper geklebt. Praktisch!

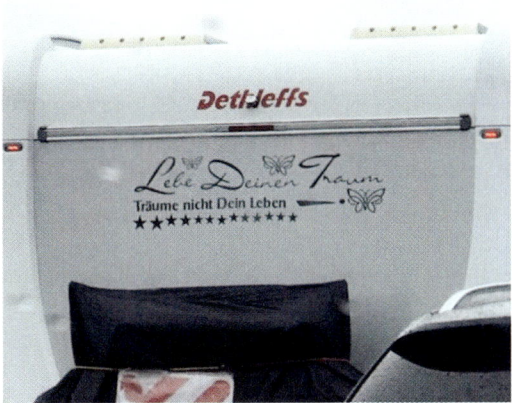

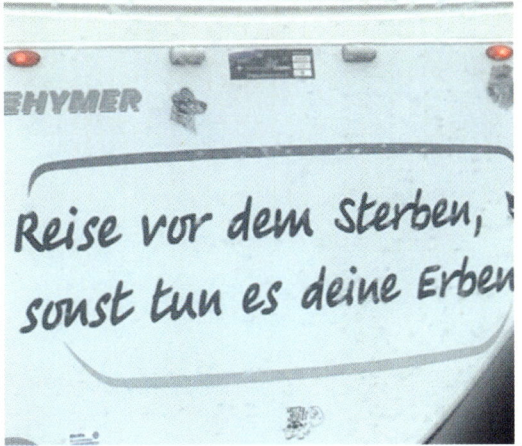

Geiz, aber in Lustig!

Das letzte
Exponat der
Campingbus-
Reihe fasst alle
vorhergegangenen
Bilder gut zusam-
men. Fest steht
in jedem Fall:
Wer mit so einem
vollgeklebten Bus
auf einen Camping-
platz kommt,
darf sich
nicht beschweren,
wenn die Kinder
tätowiert nach
Hause kommen.

Dieses Exponat trägt den Titel »Innovation« und soll den Geist des Betrachters anregen, einfach mal outside of the box zu thinken.

WIESE DES SCHWEIGENS
Nur für Kurkarteninhaber!
(Die Kurkarte ist auf Verlangen vorzuzeigen!)

Öffnungszeiten:
10.00 - 19.00 Uhr

Hunde verboten!

Das
Ruheabteil
unter den
Gärten:

Es bleibt zu
hoffen, dass
die Person,
die den Zettel
erhalten hat,
über einen
guten Abstands-
messer ver-
fügt – nicht,
dass sie
70 Zentimeter
zur Seite fährt.
Oder gar nur
55 Zentimeter.

Guten Tag,
bitte parken Sie Ihr Auto
ca. 60 cm weiter rechts.

Vielen Dank.

Preis-
schilder,
die Sinn
ergeben.

Es ist immer wieder verwunderlich,
dass in Deutschland nicht bereits
in der Grundschule unterrichtet
wird, wie man korrekt reserviert.
Dabei zeigen diese beiden Exponate
deutlich, mit welcher Perfektion
und Hingabe die Kunst des
Reservierens anders in
Deutschland betrieben wird.

Improvise. Adapt. Reserviert.

Ein deutsches Stillleben.

Früh am Morgen tritt er raus
Der schlanke Torsten, der große Klaus
Hastet in Schlappen und doch mit Bedacht
Die Augen müde, so kurz war die Nacht

Doch er muss es, kann es, will es tun
Der Urlaub perfekt, die Stimmung zu gut
Heidi derweil kommt frisch aus dem Zimmer
Das Hotelpersonal, es zittert und wimmert

Die Deutschen sind los, so gebet doch acht
Der große Klaus hat sein Handtuch gebracht
Die Deutschen sind da, es beginnt die Hatz
Nach dem schnell reservierten geordneten Platz

Vorspeise

Beilage

Hauptgang 1

Hauptgang 2

Nachtisch

PONNATH
Le Buffet Tortensülze
feine Schinkenwürfel,
Ei und Gemüse in Aspik
100 g

-23%

1.69

1.2

Kaffee Kuchen

Darf es danach noch
ein Stück Kuchen sein?

Eierlikör

Die Flasche nehme ich gerne zurück

Zum krönenden
Abschluss
noch einen
schönen Likör,
um den Magen
durchzuspülen.*

*Bitte auch das Kleingedruckte lesen, danke!

Alle Rezepte zum
Nachkochen finden Sie
sicherlich hier:

Beehren Sie
uns gerne bald
wieder, Ihr:

„Wie sah der Gedankengang aus, der diese Personen dazu veranlasst hat, sich solche T-Shirts zu besorgen und damit durch die Gegend zu laufen? Schauen Sie jetzt das 60-minütige Interview mit Psychologin Dr. Maria Klagenfurt und Extremismusforscher Max Meier!", said no one ever. Es sollte uns alle jedoch brennend interessieren. Denn in den hier ausgestellten Exponaten ist interessant zu sehen, welche Variation Neue Rechte und/oder Verschwörungstheoretiker (die oft Hand in Hand gehen) an den Tag legen.
Da hätten wir die Liste an Dingen, die dem Herrn mit hoher Wahrscheinlichkeit einen frühen Tod bescheren. Doch für ihn scheint das etwas zu sein, auf das er stolz ist:

Könnte ein Kassenschlager werden:

Bei diesem Exemplar soll wahrscheinlich klargemacht werden, dass Thüringen toll ist. Sicher sind sich die Expertinnen und Experten jedoch nicht.

Mit freundlichen Grüßen.

Bei unserem letzten Bild haben wir es mit zwei freilaufenden Exponaten zu tun, die die Farbe Grün nicht mögen. Manche mögen Rot auch lieber, aber so extrem muss man doch nicht gleich werden. Na ja. Dafür sitzt der Rest des Outfits perfekt.

@museumofdeutschland

Eines der
wertvollsten
Kunstwerke
dieser
Ausstellung.
Vor Jahren
zugeschickt
bekommen, macht
es noch immer
gute Laune:
Michael Wendler
als Kühlerhaube
eines Opel.
Es wird in
diesem Buch nicht
mehr deutscher.

Für die folgende Reihe an Exponaten müssen Sie, liebe Besucherinnen
und Besucher, ganz stark sein. Das ist sehr ernst gemeint. Wem
beim Anblick von Fleisch schlecht wird, der blättert einfach
weiter. Für alle anderen: Nun folgt ein Phänomen, das ich
liebevoll Kadaverkunst nenne.

Brotmännchen mit fleischigem Gemächt, circa 2021   Salami-Frau mit Lockenwicklern im Nudelrock, circa 2020

Die Zwiebelzwillinge sind ein Kunstwerk, das von Spezialist*innen auf das Jahr 2008 datiert wird. Künstler*in unbekannt. Wird von Sotheby's auf circa 2 Millionen geschätzt.

Es wird davon ausgegangen, dass hinter diesem Kunstwerk ebenfalls die Person steckt, die die Zwiebelzwillinge erschaffen hat. Mit Sicherheit kann das jedoch leider niemand bestätigen.

Die Lyoner-Elefanten durchqueren auf der
Suche nach einer Oase die Chalbi-Wüste in
Kenia. Jedes Jahr legen sie dafür 300 Kilo-
meter zurück. Die Rüsseltiere wachsen auf
eine imposante Höhe von 10 Zentimetern he-
ran. Ihr natürlicher Fressfeind ist der
hungrige Achim auf der Suche nach Futter.
Doch der Elefant ist gewarnt, er hört, wie
der Jäger seinen Jagdruf ausstößt: „LYONER-
BROT, ANETTE, MACHSCH MA EINS!?"

Tomaten

Die Wurstpuppe
gilt in Hollywood
als der deutsche
Gegenentwurf zu Chucky,
der Mörderpuppe.
espielt wurde sie von
Til Schweiger, was
sich, wie alles
von Til Schweiger,
in Hollywood
nicht durchsetzte.
Schade!

WURSTPUPPE

Petra muß man einfach liebhaben: seidig schimmernde Haut, glänzendes Haar – und wenn man sie drückt, sagt sie »gltschh«! Über ihre tolle neue Frisur freut sich *Petra* ganz besonders, und um ihr schönes Kleid aus 100 Prozent Naturdarm wird sie von allen beneidet! Wo nur ihr Freund Peter, der alte Preßsack, wieder bleibt? Na, jetzt aber los, Peter! Eine so schöne Dame läßt man doch nicht warten!

Deutsche Wurst. Alles andere ist Käse.

Zur Übersicht hier noch mal in einer Speisekarte zusammengefasst, was Deutschland kulinarisch zu bieten hat:

Speisekarte

Wurstpuppe 14,50 €

Zweibelwilli mit Beilagensalat 17 €

Lyoner-Elefanten 6 € pro Stück

Salami-Frau inkl. Bier 12 €

Tomatensalat 15 €

Zwiebelzwillinge (2. Pers), 25 €

Brotmännchen 5,30€

„Komischerweise kommt bei uns kein Paket mehr an. Ja, hab mich natürlich auch schon beschwert."

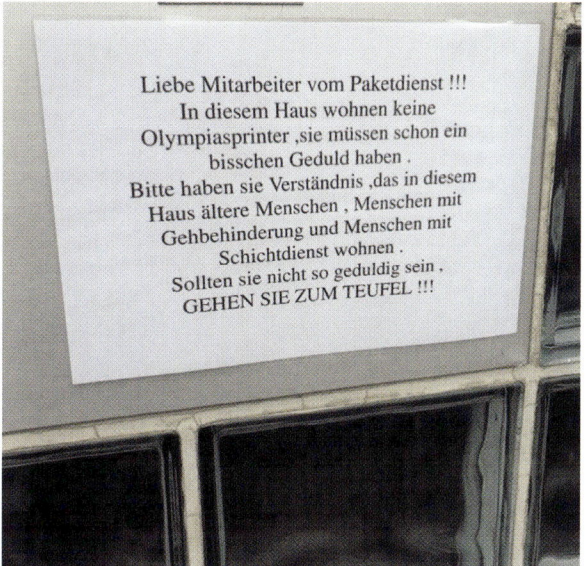

Liebe Mitarbeiter vom Paketdienst !!!
In diesem Haus wohnen keine Olympiasprinter ,sie müssen schon ein bisschen Geduld haben .
Bitte haben sie Verständnis ,das in diesem Haus ältere Menschen , Menschen mit Gehbehinderung und Menschen mit Schichtdienst wohnen .
Sollten sie nicht so geduldig sein , GEHEN SIE ZUM TEUFEL !!!

Da hat wohl wer seine Liftgebühr wieder nicht rechtzeitig überwiesen.

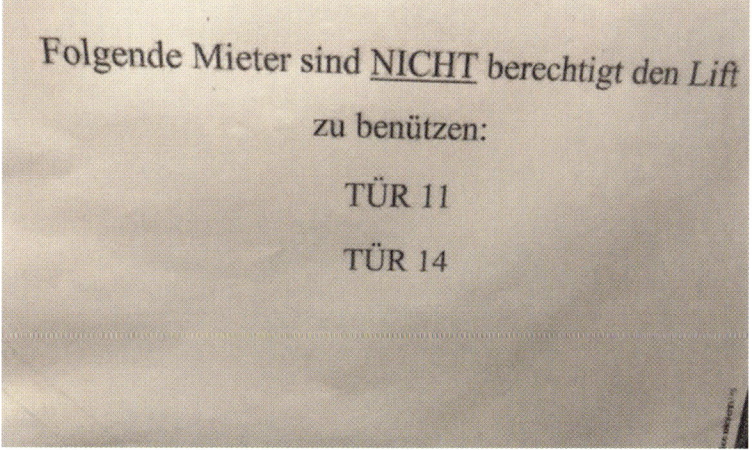

Folgende Mieter sind NICHT berechtigt den Lift zu benützen:

TÜR 11

TÜR 14

Absperrungen,
Zäune, Mauern,
Gehege, Büsche,
Gräben, Warentrenner
–
Deutsche lieben es,
sich von anderen
abzugrenzen. Dieses
Bild steht symbo-
lisch für alle Ma-
schendraht-Verhaue,
die sich gerade
im ländlichen Raum
um Häuser herum
befinden.

Dieses Kunstwerk muss in eine Zeitkapsel gepackt und in den Weltraum geschossen werden. Hier stimmt einfach alles. Fangen wir oben an: Der Handzettel trägt das Engelbert-Strauss-Logo. Einfach DIE Handwerkermarke schlechthin. Die fein säuberliche Liste lässt
darauf schließen, dass eine Frau ihrem Mann oder Kind diesen Einkaufszettel vorbereitet hat. Das nachgezeichnete „Danke" inklusive Herz am Ende unterstreicht diese Vermutung. Kommen wir zum Prospekt selbst: Natürlich ALDI. Zu Recht der beliebteste deutsche Discounter. Und schließlich das Highlight dieses vollkommenen Meisterwerks: die bunten Post-its, die markieren, wo im Heft sich was befindet. So viel Mühe, so viel Liebe zum Detail. Einfach schön.

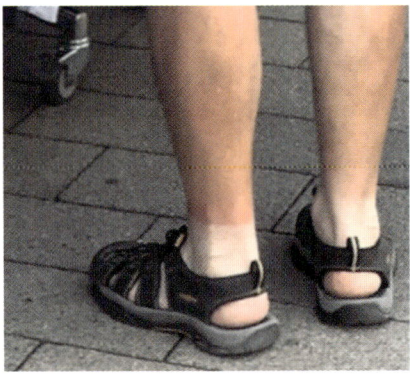

Hätte Deutschland, ähnlich wie Italien, auf der Landkarte die Form eines Schuhs – es wäre mit hundertprozentiger Sicherheit eine Sandale. Mit Socken drin. Es verwundert, dass am Flughafen bei Menschen, die Socken in Sandalen tragen, überhaupt noch nach der Nationalität gefragt wird. Die folgenden Seiten sind deshalb einfach nur zum Genießen und bedürfen weniger weiterer Worte.

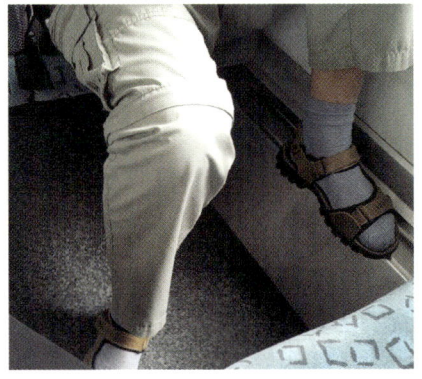

Rasenbelüfter-Sandalen
versorgt die Graswurzeln mit Sauerstoff,
jeweils mit 13 Bodennägeln, ca. 5 cm lang,
verzinkter Stahl, auf Schuhgröße einstellbar

ca. 13,5 x
30 x 8,5 cm

7 99

Keine klassischen Sandalen –
aber trotzdem brutal deutsch.

Hier sehen Sie ein Exponat, das es verdient, als „perfekt" bezeichnet zu werden. Es hat alles, was das Museum of Deutschland ausmacht: Comic Sans, einen laminierten DIN-A4-Zettel in einem zu großen Rahmen, das Wort „cool" wird als Wortwitz verwendet, die klassische deutsche Einkaufspassage im Hintergrund und die gottloseste Ansammlung von Sandalen, die man sich vorstellen kann. Eine 10 von 10.

Kreativität und Kühlerhaube
fangen nicht ohne Grund beide
mit K an. Denn was beginnt
noch mit dem gleichen Buchstaben?
Genau: Kunst! Und nichts
anderes sind diese beiden
besonders besonderen Exponate:

Die Polizei hat in Bayern
einen Sprayer mit einem
Hubschrauber gejagt und
ihn gefasst. Hätte es sich
dabei um einen kiffenden
Sprayer gehandelt, hätte
man wohl oder übel den
Schützenpanzer benutzen
müssen. Da kann man nur sagen:
Steuergeld gut investiert.
Gerne wieder. 10 von 10.
Polizei Bayern bleibt
einfach stabil. Gute Arbeit.
Vielleicht könnte man beim
nächsten Mal noch eine
Spezialeinheit heranziehen.
Das dürfte ja nicht
schwer werden, man
kennt sich doch sicher
aus gemeinsamen
WhatsApp-Gruppen.

Bowlingcenter H
5 Tg. ·

So sehen Sieger aus! 😅 1 KG Schnitzel mit Beilagen in 45 Minuten geschafft! 💪 Dafür gab es dann auch verdient einen Gutschein im Wert von 50,00 €!

Essen ist in kurzer Zeit zu einem eliebten deutschen Volkssport eworden. B esonders spannend daran ist, dass Schnitzel Teil des Wettbewerbs sind. In diesem Kontext so etwas wie das Pendant zum Hotdog.

Niemand hat behauptet, Deutsche könnten nicht auch mal lustig sein – freiwillig oder unfreiwillig, spielt dabei keine Rolle.

 Der Postillon ✔ @Der_Postillon · 1T ···
Halloween-Horror: Schwer verletzter Junge (9) erhält überall nur Süßigkeiten statt Hilfe

der-postillon.com
Halloween-Horror: Schwer verletzter Junge (9) erhält überall nur Süßigkei...

💬 29   🔁 88   ♡ 1.627   ⬆

 _luckyjoey @_luckyjoey · 14h
Und was soll daran lustig sein?
Ich bin vielmehr dermaßen angewidert das ich mir überlege euch zu entfolgen.

💬 50   🔁 1   ♡ 21   ⬆

Von unseren Freund:innen von Museum of Österreich

An dieser Stelle
wird unserer heiß
geliebten Community,
äh, unseren Ausstel-
lungsbesucher:innen
die Kommentierung
dieses Wahnsinnskunst-
werks überlassen.

Russenliege wenn man das heut noch sagen darf DDR

20 € VB Nur Abholung

mujogram_ Der Bundesgerichtshof hat entschieden: Diese
Aussage ist unzulässig und es droht ein Bußgeld und
Freiheitsstrafe bis zu 1 Jahr.

moltn_fallen FREIZEITSPORTCLUB DYNAMO WINDRAD 🍹
🍹🍹🍹🍹🍹🍹🍹

Ein deutscher Kriminalfall, der das Land wochenlang in Atem hielt:

HINWEIS

Der Automat ist neu. Er ist aber noch nicht benutzbar,

da einige technische Details fehlen.

Bitte vorerst die Getränke während der Pausen in

der Mensa kaufen.

Zu beachten ist, dass die Mensa derzeit geschlossen ist.

leon_blumi Mettatouille
1 Tag   Gefällt 78 Mal   Antworten   Übersetzung anzeigen

Bald in
deutschen
Kinos:
Mettatouille

Museum
of
Deutschland
ist ein Projekt,
das dazu einlädt,
sich kritisch mit
der Bundesrepublik
auseinanderzusetzen.
Das heißt jedoch nicht,
dass hier nicht auch
ehrlich festgestellt
werden kann:
Der war gut.
Und genau das ist
hier der Fall.
Das Wortspiel ist
einfach zu ausgefeilt
und kreativ,
als dass man
hier nicht
anhalten wollen
würde:

Wertvolle Hinweise

Zeugen melden Diebstahl eines Einkaufswagens - und werden belohnt

22.9.2022, 16:58 Uhr

Not all heroes wear capes. Manche tragen auch Partner-Regen-jacken. Danke, dass ihr uns gegen das Chaos dieser Tage verteidigt und für das Gute in der Welt (Sulzbach-Rosenberg) einsteht.

Mensa Scran
@MensaScran

Pasta carbonara at Universität Leipzig 🇩🇪

2,10€

Mensa Scran @MensaScran · 2h

Whole wheat spaghetti with pineapple, mushrooms, peas and soy cream sauce at University of Halle (Saale) 🇩🇪

1,70€

Das deutsche Verhältnis zu italienischem Essen ist durchaus wider- sprüchlich: Einerseits lieben Deutsche Pizza, Pasta und Tiramisu. Andererseits misshan- deln sie die leckersten Rezepte bis zur Un- genießbarkeit. Beson- ders hervorgetan hat sich dabei die Mensa Leipzig.

Sticker auf Autos zu kleben ist kein rein deutsches Phänomen.
In Amerika sieht man beispielsweise ebenfalls wahnsinnig viele,
wahnsinnig dumme Sticker auf Autos. Die deutsche Spielart soll
jedoch auf den nächsten Seiten im Fokus stehen. Die Masse ist in
diesem Fall das, was diesen Teil von Museum of Deutschland besonders
spannend macht. 23 Exemplare haben es in den Museumsband geschafft,
fein kuratiert aus Hunderten Vorschlägen. Atmen Sie tief durch,
rücken Sie die Schultern gerade, und genießen Sie diesen letzten
Teil unserer Ausstellung.

Früher hatten HEXEN BESEN, heute fahren sie CABRIO !

Auf diese
Sonderausstellung
haben Sie
womöglich lange
gewartet und sie
bisher vergeblich
gesucht: die
laminierten Zettel.
Die folgenden
Exponate sind alle
fein säuberlich
laminiert und
damit
rechtskräftig.

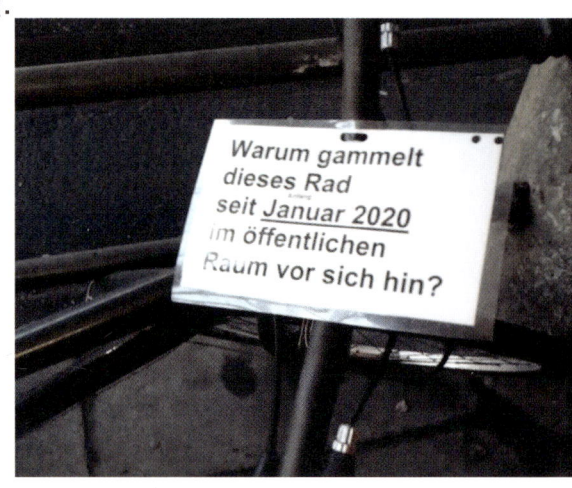

Hören Sie auf
den Wald mit Ihrem
Unrat sowie Gartenabfällen
zu vermüllen!
Bei Wiederholung, auch wenn
Sie sich sicher fühlen,
ich kriege Sie.

Aber dann ohne Gnade.

Es wird teuer!!

Hallo und willkommen auf der Erde,
denn so wie Du parkst, kannst Du ja nur vom
Mond kommen.
Weiterhin einen angenehmen Aufenthalt auf
unseren Planeten
und beim nächsten Trip durchs All, lass bitte
unsere Einfahrt frei.
Danke

TÄGLICHER MASKENBALL

ZUTRITT NUR VERKLEIDET !!!

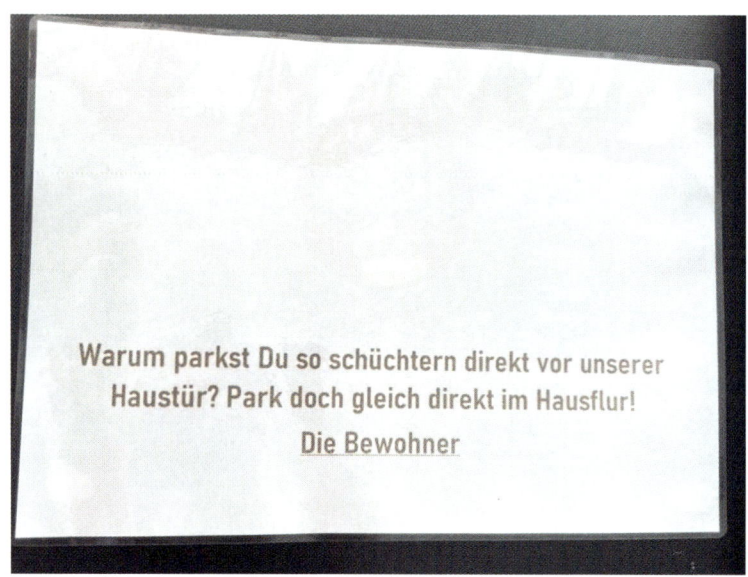

Warum parkst Du so schüchtern direkt vor unserer Haustür? Park doch gleich direkt im Hausflur!

Die Bewohner

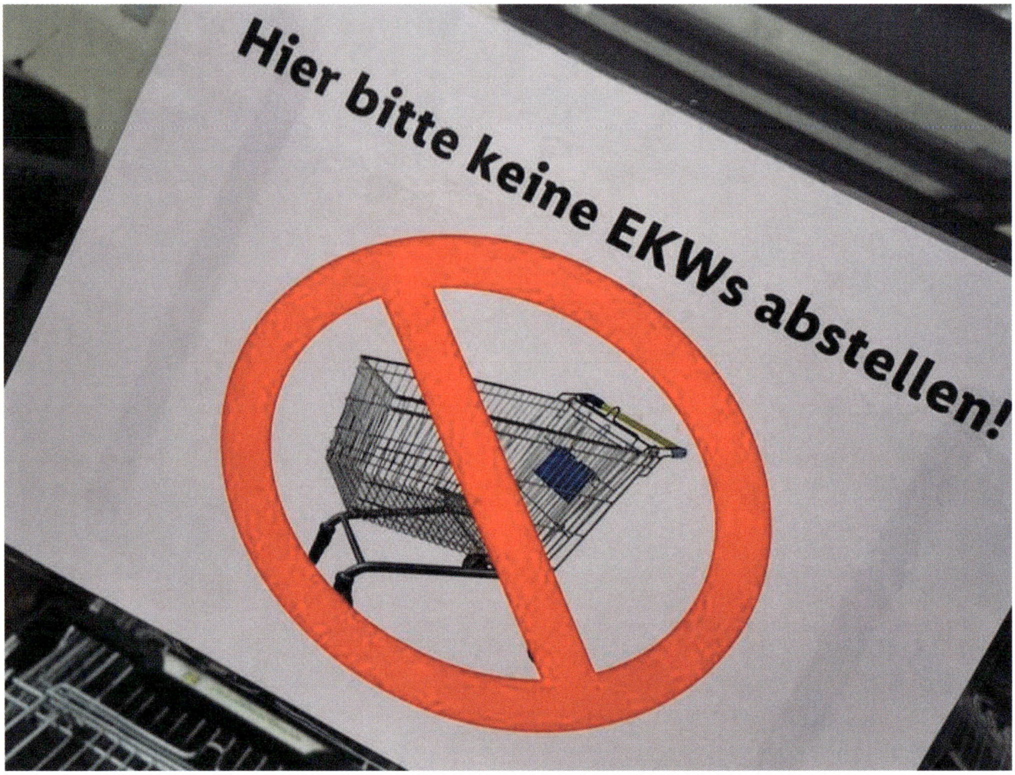
Hier bitte keine EKWs abstellen!

Nach
all diesen
ansehnlichen
laminierten
Glanzstücken zur
Einordnung ein
Kommentar, den
sich alle
zu Herzen nehmen
sollten, weil
er so sehr
on point ist.

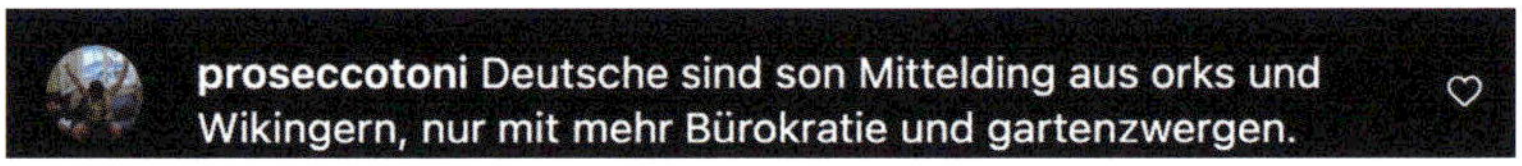
proseccotoni Deutsche sind son Mittelding aus orks und
Wikingern, nur mit mehr Bürokratie und gartenzwergen.

Dieses
Exponat
besteht
aus sogenanntem
Boomer-Humor.
Der Fotograf
oder die
Fotografin
hat beim
Ablichten
mindestens
geschmunzelt.
Es eignet sich
perfekt, um in
WhatsApp-Gruppen
für lachende
Smileys zu sorgen.
Also fühlen
Sie sich
gerne frei,
genau das
jetzt zu tun.

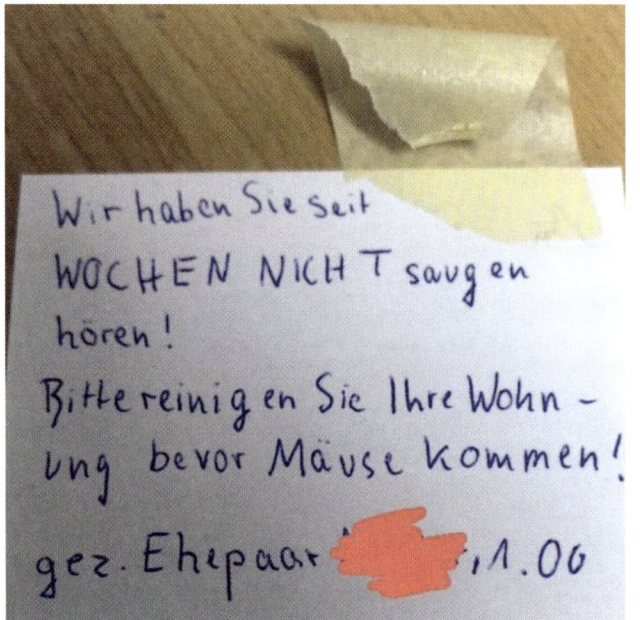

Wir haben Sie seit
WOCHEN NICHT saugen
hören!
Bitte reinigen Sie Ihre Wohnung bevor Mäuse kommen!
gez. Ehepaar   .1.06

Das letzte
Exponat in
dieser
Ausstellung
ist das
persönliche
Meisterwerk
des Kurators.
Es bedarf
weniger Worte,
um es zu
beschreiben:
Wer in seinem
Leben so sehr
gelangweilt
ist, dass sie*er
sich derartig
in die Belange
anderer einmischt,
ist echt zu
beneiden.

Museum of Deutschland-Hardliner*innen haben diese Bewertung als Shirt zu Hause. Mich würde es freuen, wenn ihr jetzt, da ihr diesen Museumskatalog durchgearbeitet habt, auf dem Onlineshopping-Portal eurer Wahl das Buch mit 5 von 5 Sternen bewertet und mir gerne schreibt, wie ihr euch jetzt fühlt. Ist euch schlecht von all dem Mett?

Der erste Post vom 28. Juni 2019

An dieser Stelle will ich mich für vier Jahre Museum of Deutschland bedanken. Ich mache dieses Social-Media-Ding nun schon seit zehn Jahren und hatte noch nie eine so tolle, lustige, kreative Community. Irgendwie haben wir es geschafft, uns einen kleinen Safespace in diesem zunehmend ekligen Internet zu schaffen, und dafür bin ich unendlich dankbar. Ohne euch wäre die Seite buchstäblich nichts, und deshalb ist dieser Museumsband auch euer Verdienst. Danke!

Besuchen Sie uns im Internet:
www.ullstein.de

Uniformen, Seite 18:

Credits 1: Von Edmund Rabe (1815–1902) –
Verlag u. Druck Louis Sachse & Co., Berlin, Gemeinfrei,
https://commons.wikimedia.org/w/index.php?curid=118555446

Credits 2: Von Berliner Verlag –
http://www.alamy.com/stock-photo-the-historical-postcard-depicts-paul-von-
hindenburg-as-lieutenant-59069225.html, Gemeinfrei,
https://commons.wikimedia.org/w/index.php?curid=57408377

Originalausgabe im Ullstein Taschenbuch

1. Auflage November 2023

© Ullstein Buchverlage GmbH, Berlin 2023

Wir behalten uns die Nutzung unserer Inhalte für Text und
Data Mining im Sinne von § 44b UrhG ausdrücklich vor.
Art Direktion: Christian Hundertmark, C100 Studio
Titelabbildung: Museum of Deutschland
Satz: KCFG – Medienagentur, Neuss
Gesetzt aus der Akkurat
Druck und Bindearbeiten: Livonia Print, Lettland
ISBN 978-3-548-06894-7